Dieses Buch gehört

Wo im Text die Brille  abgebildet ist, geht es um etwas, das du noch heute im **APC** anschauen kannst!

Ilse Roßmanith-Mitterer

Reise nach Cambodunum

Ein Besuch im römischen Kempten

Die Drucklegung förderten dankenswerterweise:
Stadt Kempten (Allgäu)
Dr.-Rudolf-Zorn-Stiftung, Kempten (Allgäu)
Verein der Stiftsstadtfreunde e. V., Kempten (Allgäu)

Herausgegeben vom Heimatverein Kempten (Allgäu) e. V.
Idee: Ilse Roßmanith-Mitterer
Text und Redaktion: Ilse Roßmanith-Mitterer und Birgit Kata
Illustrationen: Roger Mayrock
Fotos: Ralf Lienert u. a.
Gestaltung: Martin Odstrčil
Druck: Holzer Druck und Medien, Weiler im Allgäu

Bibliografische Information der Deutschen Nationalbibliothek
Die Deutsche Bibliothek verzeichnet diese Publikation in der Deutschen Nationalbibliografie; detaillierte bibliografische Daten sind im Internet über >http://dnb.d-nb.de< abrufbar.

1. Auflage 2012
ISBN 978-3-89870-770-1

Ilse Roßmanith-Mitterer

Reise nach Cambodunum

Ein Besuch im römischen Kempten

Mit Illustrationen von Roger Mayrock

Mit großem Info- und Bastelteil!

Kunstverlag Josef Fink

Luftbild vom Kemptener Stadtteil »Auf dem Lindenberg« mit Blick auf den **APC – Archäologischer Park Cambodunum**. Rechts im Vordergrund der Gallorömische Tempelbezirk, in der Bildmitte die Grundmauern des Forums und der Schutzbau über den »Kleinen Thermen«. Die ehemaligen römischen Wohn- und Handwerkerviertel sind heute mit modernen Häusern überbaut.

Das ist Leo.

Wohnort:	Kempten (Allgäu)
Alter:	10 Jahre
Beruf:	Schüler
Geschwister:	eine jüngere Schwester mit Namen Pia
Hobbies:	Fußball spielen, Waveboard fahren, basteln, Interesse an fremden Ländern und an spannenden Erzählungen aus früheren Zeiten

»Leo, hol den Onkel. Das Essen ist gleich fertig«, ruft Tante Lisa durch den Garten. Leo setzt sein Kaninchen wieder ins Gehege und läuft zum Schuppen. Sein Onkel Georg steht im hintersten Winkel und zieht eine Plane über ein seltsames Gerät.

»Was ist das?« will Leo wissen. Georg lacht, räuspert sich und sagt mit verschwörerischer Stimme: »Das ist meine allertollste Erfindung: Eine Zeitreisemaschine.«

Er zwinkert Leo zu und schlägt die Plane wieder ein Stück zurück. Ein Armaturenbrett und eine Art Autositz kommen zum Vorschein. »Schau, hier stellt man ein, wo man in der Vergangenheit landen will.« Er deutet auf eine Anzeige mit Strichen und Jahreszahlen. »Dann erst dreht man den Zündschlüssel. Ich habe die Maschine bis jetzt nur für eine kleine Reise ausprobiert: Ein Jahr zurück, aber wer weiß: Vielleicht traue ich mich mal ins Mittelalter.« Lachend stülpt er die Abdeckung wieder über das Gefährt. »Ist das Essen schon fertig?«

Leo nickt stumm und starrt immer noch auf die Plane.

»Lassen wir Lisa nicht warten«, sagt der Onkel und geht aus dem Schuppen. »Ich komm gleich«, ruft Leo seinem Onkel hinterher.

Als die Türe zufällt, hebt Leo die Plane wieder an und schaut sich die geheimnisvolle Maschine genauer an. »Da werde ich nachher wieder kommen«, denkt er aufgeregt.

Als sein Onkel nach dem Essen zum Baumarkt gefahren ist, schleicht Leo zum Schuppen.

Vor dem Sitz des Fahrzeugs steht eine Ledertasche, in der ein paar sehr alte Bücher, eine Art Meterstab mit Jahreszahlen und eine Fliegerkappe mit Schutzbrille sind. Leo packt alles aus und schaut es sich ganz genau an.

Unten in der Tasche findet er noch einen Bildschirm mit Tasten. Als er auf den mittleren Knopf drückt, erscheint der Text »Deutsch-Latein – Latein-Deutsch. Reden wie die Römer«.

Leo ist neugierig, ob die Zeitreisemaschine funktioniert. Er öffnet das hintere Tor des Schuppens und schiebt das Fahrzeug auf die Wiese hinaus. Es rollt sogar sehr leicht auf seinen drei Rädern. Auch der Sitz ist bequem, merkt Leo. Er setzt die Fliegerkappe auf, schnallt sich an und bewegt zur Probe das kleine Lenkrad.

»In welche Zeit soll ich reisen?«, überlegt er. »Am besten richtig weit zurück, fast 2000 Jahre! Der Sprachcomputer ist ja schon auf die Römerzeit eingestellt.«

Leo erinnert sich, was sein Onkel gesagt hat und dreht den Knopf, bis auf der Anzeige die Jahreszahl »120« zu sehen ist. Dann atmet er tief durch und dreht den Zündschlüssel. Der Motor springt sofort an. Zuerst hustet er noch ein paar Mal, aber bald schnurrt die Maschine ganz gleichmäßig. Und es geht los in die Römerzeit!

Immer schneller rollt das Gefährt den Hang hinunter und erhebt sich plötzlich in die Luft! Leo ist sehr aufgeregt; sein Herz pocht ganz schnell. Er fliegt über das Haus seiner Verwandten. Die Straßen, Bäume und Häuser unter ihm werden immer kleiner. Dann fliegt er in eine Nebelwolke.

RMAYRock
2012

Als die Luft wieder klar wird, staunt er, wie anders die Landschaft aussieht. Keine Straßen und Strommasten, nur Feldwege und ein paar Häuser, keine Autos, dafür ein Karren, der von zwei Ochsen gezogen wird. Aber er kann nicht lange schauen, denn mit einem heftigen Ruckeln steuert sein Fahrzeug steil nach unten.

Leo legt eine harte Landung hin. Ihm ist noch ganz schwindlig von dem aufregenden Flug. Er klettert aus dem Gefährt und kämpft sich durch den Busch, hinter dem er gelandet ist. Ein sandiger Weg führt an seinem Landeplatz vorbei.

Als Leo sich umschaut, sieht er in einiger Entfernung weiße Häuser mit Ziegeldächern. »Wo bin ich hier denn nur?« überlegt er.

Ein komisch in Tüchern gekleideter Mann kommt auf ihn zu. Der Mann bleibt stehen und sagt mit fragender Miene: »Sum civis Romanus. Mihi nomen est Flavius. Cambodunum est mea patria. Et tu?«

Leo versteht kein Wort. Er schaltet seinen Sprachcomputer ein. Na klar, der Mann spricht lateinisch. Jetzt hört Leo, was er gesagt hat:

»Ich bin Römer. Mein Name ist Flavius. Meine Heimatstadt ist Cambodunum. Und wer bist du?«

Leo schluckt und sagt: »Ich heiße Leo und komme aus Kempten.« Flavius lacht: »Leo wie Löwe, das gefällt mir. Für einen Löwen bist du aber ziemlich klein.«

Der Römer wendet sich zu den Häusern und sagt: »Ich gehe gerade zum Forum. Wenn du möchtest, kannst du mich begleiten.«

»Forum? Unser Einkaufszentrum wird er wohl nicht meinen«, denkt Leo und geht mit dem Römer den Weg weiter.

FORUM = Marktplatz

Flavius lächelt ihn an: »Wenn du etwas wissen willst von Cambodunum, dann erzähle ich dir alles und zeige dir gerne meine Stadt.« Leo nickt begeistert. Er schaut seinen neuen Bekannten die ganze Zeit neugierig an.

Als ob Flavius seine Gedanken gelesen hätte, schmunzelt er und sagt: »Gefällt dir meine Kleidung? Das untere Gewand ist eine **TUNICA**. Die tragen alle Römer, auch die Frauen und die Kinder. Darüber haben Männer die **TOGA**. Die ist aus einem sehr langen Stoffstück und wird mehrmals um den Körper gewickelt. Damit die Falten schön sitzen, habe ich einen Sklaven, der mir beim Ankleiden hilft.«

»Na toll«, denkt Leo, »da ist mir meine Jeans lieber.«

Die **TUNICA** bestand aus zwei rechteckigen Stoffstücken, die an den Schultern und an den Seiten zusammengenäht waren.

Die **TOGA** war ein Überwurf aus sehr viel Stoff, der kunstvoll um den Körper gelegt wurde. Die Toga trugen nur römische Bürger.

Die Bastelanleitung für eine Tunica findest du auf Seite 62.

Die Römer erobern Cambodunum

Flavius wird immer gesprächiger als er merkt, wie aufmerksam Leo ihm zuhört.

»Cambodunum ist schon sehr alt. Vor mehr als hundert Jahren wollte unser Kaiser Augustus sein Reich vergrößern. So schickte er seine Soldaten los, um gegen die **KELTEN** Krieg zu führen, die hier in der Gegend wohnten. Die Soldaten, die auch Legionäre genannt wurden, mussten über die Alpen ziehen. Sie waren zu Fuß, mit Maultieren oder auf Pferden unterwegs.

KELTE

Im Jahr **15 v. Chr.** ließ Kaiser Augustus durch seine Stiefsöhne Drusus und Tiberius die Gebiete nördlich der Alpen bis zur Donau erobern.

RÖMER

Der Marsch war sehr mühsam und die Soldaten hatten schwer zu schleppen: Kampfausrüstung, Nahrungsmittel, Essgeschirr und Zelte. Aber wenigstens waren sie für den langen Fußmarsch mit gutem Schuhwerk ausgerüstet.«

Sandalen eines römischen Soldaten (**Caligae**). Die Sohlen waren mit 80 bis 90 Eisennägeln dicht benagelt.

»Ob das meine Fußballschuhe mit ihren Stollen auch ausgehalten hätten?« fragt sich Leo.

Flavius spricht weiter: »Unsere Soldaten waren in der Kriegsführung gut geschult. Sie besiegten die Kelten ziemlich rasch, obwohl diese auch gut ausgerüstet waren und hart kämpften. Die keltischen Männer, die zum Kriegsdienst fähig waren, mussten in anderen Teilen des Römischen Reichs Wehrdienst leisten. Andere mussten als Sklaven uns Römern dienen. Manche Kelten durften in Cambodunum bleiben, hier leben und arbeiten.«

Inzwischen sind sie bei den ersten Häusern angekommen. Eine braune Ziege meckert sie über den Zaun hinweg an.

Leo hat Mühe, mit dem Römer Schritt zu halten. Er will von dem, was Flavius erzählt, nichts verpassen.

»Nach der Eroberung des Landstriches wurde hier oberhalb der Iller diese Stadt erbaut mit dem Namen **CAMBODUNUM**. Die Lage an der Iller ist sehr günstig. Denn ab hier kann man auf dem Fluss billig Waren auf Flößen transportieren und hat in der Nähe viele Steinbrüche für Baumaterial.«

CAMBODUNUM ist keltisch und bedeutet »Stadt an der Flusskrümmung«. Diesen Namen hat der griechische Gelehrte Strabo, der ungefähr 64 v. Chr. bis 18/23 n. Chr. lebte, schon in seiner »Geographika«, (einem Erdkundebuch) erwähnt.

Schon sind sie am **FORUM** angekommen.

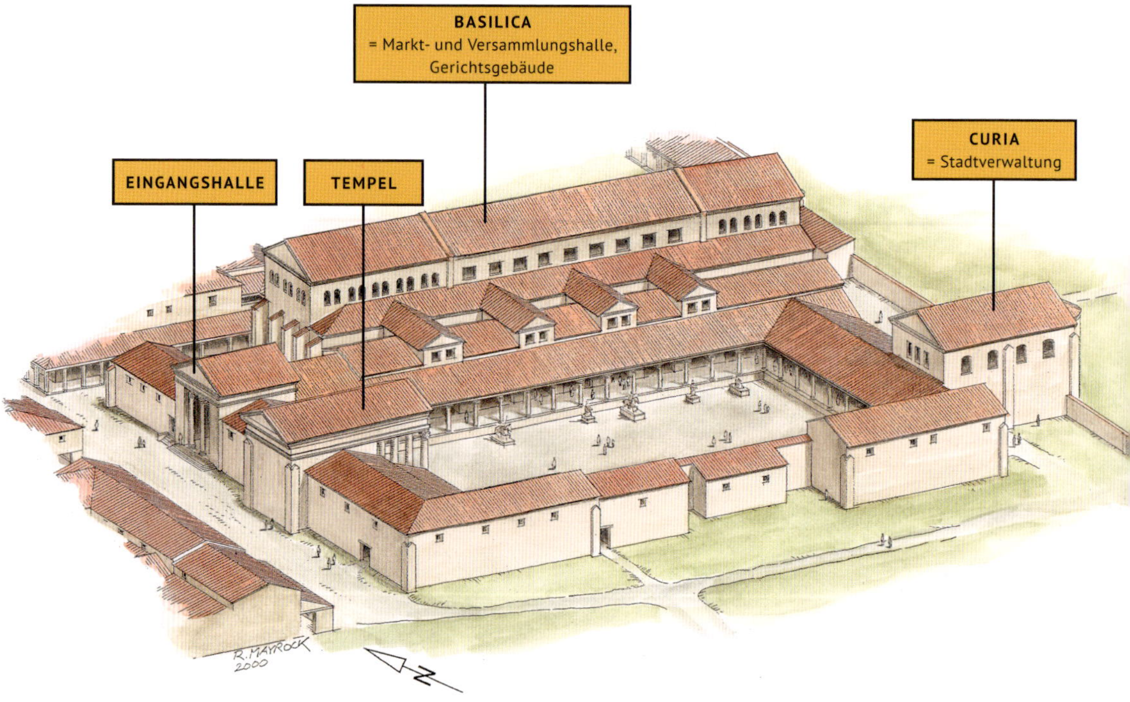

»Viel Zeit habe ich jetzt nicht mehr, weil ich noch eine Besprechung in der **CURIA** habe. Ein Bürger hat einen Antrag auf die Genehmigung seiner Goldschmiede gestellt.«

Doch Flavius zeigt noch stolz auf den großen **TEMPEL** am Forum, wo die Götter Jupiter, Juno und Minerva verehrt werden und vor allem auf die **BASILICA**.

»Oh, so eine Basilika haben wir auch«, überlegt Leo im Stillen. Aber er wird schnell eines Besseren belehrt. Diese römische Basilika ist keine Kirche, sondern eine Markthalle. Hier werden auch Volksversammlungen abgehalten, Handel getrieben und es finden Gerichtssitzungen statt. »Wirklich tolle Gebäude, und so hoch«, staunt Leo.

»Aber wenn ich heute auf dem Lindenberg nach diesen Gebäuden Ausschau halte, begrüßt mich zwar auf der Wiese vor der Lindenbergschule der Kaiser Augustus, besser gesagt eine Statue, aber sonst entdecke ich nur ein paar Mauerreste«, überlegt Leo.

Doch genau diese Mauerreste, die von den **ARCHÄOLOGEN** und ihren Helfern ausgegraben worden sind, gehörten zum Forum mit den wichtigen Gebäuden: Tempel, Curia und Basilica.

Mit Hilfe eines Modells und etwas Fantasie kann man sich ausmalen, wie es einst hier ausgesehen hat.

ARCHÄOLOGEN erforschen das Leben von Menschen aus früheren Zeiten. Sie machen dazu Ausgrabungen und suchen nach Überresten, die vom Alltag der Menschen aus vergangenen Jahren, Jahrhunderten und Jahrtausenden übriggeblieben sind.

Als Flavius und Leo so am Marktplatz plaudern, kommen zwei Kinder auf sie zu. Flavius stellt Leo seine Tochter Claudia und seinen Sohn Tiberius vor.

Die Kinder begrüßen ihren Vater freudig. Dieser meint: »Wir haben Besuch. Das hier ist Leo. Ihr könntet mit ihm durch unsere Stadt spazieren.«

Aber bevor sie losgehen, will Flavius von seinen Kindern noch wissen, wie es in der Schule war.

Kinder aus armen Familien konnten nicht zur Schule gehen. Sie mussten arbeiten. Nur reiche Eltern konnten das Schulgeld bezahlen.

Claudia zeigt ihrem Vater ein Wachstäfelchen, auf dem sie mit dem Griffel die Worte »porta« und »fenestra« geschrieben hat.

porta = Türe
fenestra = Fenster
schola = Schule
mater = Mutter
pater = Vater

Die römischen Zahlen und ihre Erklärung findest du ab Seite 70.

Tiberius hat auf seine Wachstäfelchen einzelne Buchstaben geschrieben: V, X, VIII, C und M. Sie stehen für die Zahlen 5, 10, 8, 100 und 1000, sagt Leos Sprachcomputer.

Flavius runzelt die Stirn und meint: »Ihr könnt das sicher noch schöner. Streicht euer Geschriebenes einfach glatt und versucht es zu Hause noch einmal. Hoffentlich hat Lehrer Plautus heute seine Rute nicht gebraucht.«

Der Vater verabschiedet sich von seinen Kindern und geht über den Platz zur Curie.

Leo merkt, dass Tiberius immer wieder auf seine Fliegerkappe schielt. »Willst du sie einmal aufsetzen?« fragt er ihn. Und schon schmückt die Fliegerkappe den Kopf von Tiberius. Lustig schaut das schon aus – bekleidet mit einer Tunica und dann dieses Lederungetüm auf dem Kopf. Claudia biegt sich vor Lachen.

Aber ihr Bruder lässt sich davon nicht abbringen und stolziert wie ein Held durch die Gegend.

Markt in Cambodunum

Weil die drei schon am Markt sind, machen sie hier gleich einen Rundgang. Brot, Obst, Gemüse, Fleisch, Eier und Fisch preisen die Händler an. An einem Stand werden sogar Waren aus Italien angeboten. Zum Beispiel stehen da Körbe voller Feigen und Datteln, Amphoren voll Olivenöl und Wein in Lederschläuchen. »Eine tolle Verpackung«, denkt Leo.

Die frischen Nahrungsmittel auf dem Markt stammen von den Bauernhöfen (**villae rusticae**) rund um Cambodunum.

Nun kommen ihm ganz besondere Gerüche in die Nase: Oh, hier werden Gewürze wie Pfeffer, Nelken und Muskat verkauft. Auch Parfüm und wohlriechende Salben sind hier zu finden. Aber etwas riecht besonders stark.

Neugierig steckt Leo seine Nase in den Topf. Der Händler meint, dass da wohl ein neuer Kunde sei und bietet deshalb dem Jungen an, die vorzügliche Fischsoße zu probieren. Gesagt, getan! Doch im nächsten Moment schüttelt sich Leo, denn die Fischsoße schmeckt für seine Begriffe entsetzlich. Tiberius und Claudia lachen, als sie sein Gesicht sehen.

»Ja, Garum ist nicht jedermanns Sache. Diese Soße wird aus altem Fisch gemacht«, gibt der Händler zu.

»Komm, wir gehen zum Kelten Fastonas, der wird dich sicher von seinem Honig kosten lassen«, beruhigt Claudia ihren neuen Freund.

Tierfelle und Wollstoffe hat Fastonas auch im Angebot. So ein Tierfell wäre schon sehr praktisch für den harten Sitz in seiner Zeitmaschine. Aber leider hat Leo keine römischen Münzen, mit denen er bezahlen könnte.

Von den Münzen aus Cambodunum gibt es eine sehr nette Geschichte, die wie ein Märchen beginnt. Diese hat sich jedoch im Jahr 1888 wirklich ereignet:

Der Wiggensbacher Schatzfund

Eines Tages fand der Bauernbub Joseph Mayr, als er Kühe hütete, einen Schatz aus Gold und Silber. Eine seiner Kühe scharrte in der Wiese nordwestlich von Wiggensbach, ein Ort bei Kempten. Plötzlich sah Joseph unter ihren Hufen etwas glänzen. Als er tiefer grub, entdeckte er viele Schmuckstücke und Münzen. Es waren Gegenstände aus Cambodunum.

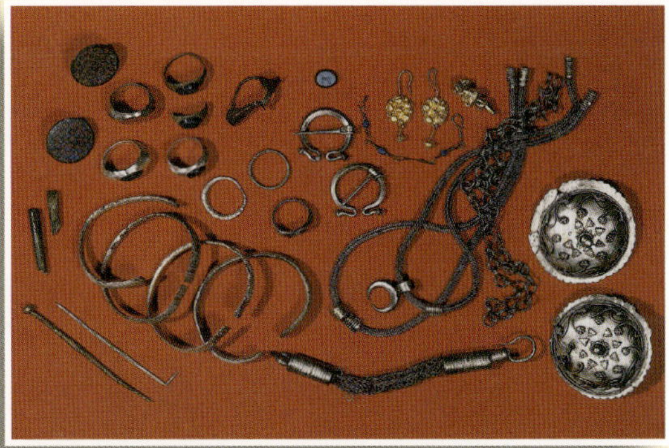

Man weiß nicht genau, wer sie hier vergraben hat. Es mussten mehr als 1500 Jahre vergehen, bis der Schatz wieder ans Tageslicht kam.

Münzen aus dem
Wiggensbacher Schatzfund

Auf den Münzen sind Portraits von römischen Herrschern abgebildet. So wussten die Menschen, wie ihre Herrscher aussahen.

AUREUS = Goldmünze
DENAR = Silbermünze
AS = Kupfermünze
SESTERZ = Bronzemünze

Beim Stand der Töpfer bedauert Leo wieder, dass er kein römisches Geld besitzt. Gerne hätte er für seine Mutter ein Mitbringsel von seiner Zeitreise erstanden. Die Auswahl hier ist sehr groß, und seine Mutter liebt doch Töpferwaren.

Teller, Becher, Schalen mit schönen Verzierungen und Krüge aus rot glänzendem Ton gäbe es da. Für so ein Öllämpchen hätte sein Taschengeld bestimmt gereicht. Das Holzgeschirr schaut auch nicht schlecht aus.

TERRA SIGILLATA
heißt das römische Tafelgeschirr. Es wurde aus Keramik in großen Mengen hergestellt.

Claudia lenkt Leo jedoch schnell mit ihrem Vorschlag ab: »Komm, wir gehen zu uns nach Hause. Mutter wird sich freuen, dich kennenzulernen. Und dann kann ich dir auch meine Spiele zeigen.«

Die drei schlendern die Forumstraße entlang. Leo ist beeindruckt von den schönen Steinhäusern, die mit roten Ziegelplatten gedeckt sind. Bald kommen sie am Haus von Claudia und Tiberius an. Ihre Mutter hat schon auf die beiden Kinder gewartet. Als sie ihren Sohn in dem lustigen Aufzug sieht, muss sie herzlich lachen.

Gleich heißt sie Leo willkommen. Allerdings hat sie wenig Zeit, da ihr Mann heute noch wichtige Gäste erwartet. Deshalb ist sie auch schon so elegant gekleidet.

Über der Tunika trägt sie eine **STOLA**, ein Gewand, das mit **FIBELN** zusammengehalten wird.

Die **FIBEL** war eine Mischung aus einer Sicherheitsnadel und einem Schmuckstück.

Richtig schön schaut die Dame aus. Geschminkt ist sie auch gehörig, nicht ganz so der Geschmack von Leo. Glänzenden Schmuck, eine Kette, einen Armreif und Ringe aus Silber hat sie angelegt. Leo merkt gleich, dass er bei ziemlich reichen Leuten gelandet ist.

Und wie das Haus aussieht! Die Wände sind bemalt und die Fußböden sind mit Mosaiken aus vielen kleinen bunten Steinchen verziert. In der Mitte des Hauses ist ein Innenhof, in dem ein Brunnen sprudelt. Nur wenige werden so wohnen, das ist Leo klar.

Bei **MOSAIKEN** entstehen durch Zusammensetzen von vielen kleinen Einzelteilen (Stein, Glas, Papier, Stoff) Muster oder Bilder. Die Römer fertigten sehr kunstvolle Mosaiken.

Bastelanleitungen für Mosaikbilder findest du ab Seite 63.

Bild links:
Mosaikbrunnen
am Zumsteinhaus
in Kempten

Bild unten:
Der Innenhof der Lindenbergschule
in Kempten ist dem Hof eines
römischen Hauses nachempfunden.

Aber jetzt soll Claudia endlich mal mit ihren Spielen rausrücken. Tonkugeln zum Murmelspiel, einen Ball gefüllt mit Wolle oder Tierhaaren, ein Hüpfseil und ein Mühlespiel zeigt ihm Claudia.

»Ganz witzig, aber da sind mir mein Waveboard oder mein toller Lederfußball schon lieber«, denkt er sich, sagt aber natürlich nichts.

Leo fragt Tiberius: »Was bekommen eure Gäste heute zum Essen?«

»Wir Kinder sind da nicht dabei, aber es gibt wohl Schafskäse zur Vorspeise, Fleisch und Fisch mit viel Gemüse und gut gewürzt. Die Fischsoße, die dir ja heute am Markt so gut geschmeckt hat, wird auch angeboten. Obst darf nicht fehlen. Most und Wein werden getrunken. Zur Nachspeise gibt es vielleicht Quarkknödel mit Honig.«

HONIG war bei den Römern sehr beliebt zum Süßen von Speisen.

Bastelanleitungen für römische Spiele findest du ab Seite 68.

Leo möchte noch etwas wissen: »Stimmt es, dass ihr beim Essen am Tisch liegt?«

Tiberius lacht: »Ja, aber nur die Männer. Die Speisen und Getränke werden von Dienern serviert. Wir Kinder und auch die Frauen sitzen auf Hockern und essen meistens nicht im gleichen Raum wie die Männer.«

Rezepte für römische Quarkknödel und römische Brötchen findest du auf der Seite 66.

Plötzlich entdeckt Leo noch ein kleines Häuschen mit Figuren in einem Raum. »Ja, was ist denn das bloß?« murmelt er vor sich hin. »Das ist unser Hausaltar, wo wir die Hausgötter, die Laren, verehren. Täglich bringen wir hier den Göttern Opfer dar.«

Nachbildung eines Hausaltars im Römerbad Marktoberdorf

Leo ist von dem römischen Haus sehr beeindruckt. Aber etwas vermisst er: ein Badezimmer. Claudia meldet sich gleich zu Wort: »Wir brauchen kein eigenes Bad, weil es ja die Thermen gibt.«

Tiberius und Claudia würden ihrem neuen Freund gerne noch die Thermen zeigen. Aber es ist schon spät geworden, und ihre Mutter erlaubt es nicht mehr.

Doch Mutters Bruder Valentinus ist gerade im Haus und hat einen Vorschlag: »Ich wollte den Thermen noch einen Besuch abstatten. Da könnte der Knabe mitkommen. Aber ich muss zu Hause noch schnell meine Badesachen holen.«

Schweren Herzens gibt Tiberius Leo die Fliegerkappe zurück. Claudia steckt ihm noch eine tönerne Murmel zu. Beide winken zum Abschied und rufen ihm hinterher: »**VALE** und gute Weiterreise!«

Valentinus wohnt nur zwei Ecken weiter in der Thermenstraße, auch eine ziemlich vornehme Gegend.

Die Thermenstraße

VALE = Leb wohl

Während Leo vor dem Haus auf Valentinus wartet, kommt ein kleiner Hund angerannt. Er kläfft laut und springt an Leo hoch. Jetzt versteht Leo auch das Mosaikbild am Eingang: »Cave canem« (»Hüte dich vor dem Hund«).

Bissig ist der kleine Kerl wirklich nicht, aber besser man weiß, dass im Haus ein Hund lebt.

Schon kommt Valentinus zurück. Da staunt Leo, was er alles dabei hat: Holzsandalen, Handtücher, Schwämme, Fläschchen mit Öl und Salben. »Und hier sind Schabeisen« erklärt ihm Valentinus. »Damit kann ich mir die Haut von Schweiß und Schmutz reinigen.«

Die beiden gehen los. Der Eingang zur Therme ist nur wenige Häuser entfernt.

Leo ist nun wirklich nicht für einen Besuch in den Thermen ausgerüstet. Aber einen Blick in die Badeanstalt erlaubt ihm der dicke Bademeister schon. Stolz ist dieser, dass er hier arbeitet, und er erklärt Leo bereitwillig die Anlage:

»Wir haben verschiedene Baderäume für Kalt-, Lauwarm- und Warmbäder. Auch ein Schwitzbad gibt es. Ich habe die Aufsicht über die Beheizung der Bäder. Außerhalb der Baderäume kümmern sich Diener um das Feuer. Der Boden des Badehauses ruht auf Stützpfeilern. So kann die Heißluft unter dem Fußboden durchströmen. Von dort steigt die warme Luft in die Hohlziegel der Wände.«

»Wie eine moderne Fußbodenheizung«, denkt Leo.

Dem Bademeister ist vom Erklären ganz heiß geworden. Er wischt sich den Schweiß von der Stirn, bevor er weiter erzählt.

»Das Feuer beheizt auch den Wasserkessel. Viel Holz braucht man für die **HYPOKAUST-ANLAGE**. Das Feuer muss ständig brennen, damit das Wasser in den Warmbadebecken nicht abkühlt. Dafür sind die Diener verantwortlich. Holz gibt es genug rund um Cambodunum.«

Das Wasser in Cambodunum wurde durch Holz- und Tonröhren in die Thermen geleitet.

Reste der **Heizungs-anlage** in den »Kleinen Thermen«

HYPOKAUST-ANLAGE
= Heizungsanlage

Leo fällt auf, dass nur Männer an ihm vorbei in die Thermen gehen. »Dürfen hier nur Männer baden?« fragt Leo den Bademeister. »Nein, nein, die Frauen mit den Kindern kommen vormittags, der Nachmittag und der Abend sind für die Männer reserviert«, erklärt er ihm.

Inzwischen hat sich Valentinus schon für sein Badevergnügen fertig gemacht. Er ruft Leo noch »vale« zu und verschwindet in den Baderäumen.

Ziemlich laut geht es in der Badeanstalt zu. In den Sporträumen nebenan, die auch zu den Thermen gehören, wird Ball gespielt, Gymnastik gemacht und Ringkämpfe werden ausgetragen.

Plötzlich hat Leo ein Problem. Er müsste mal zur Toilette gehen. »Komm nur mit«, meint der Bademeister. »Dort drüben, wo schon einige Männer sitzen, kannst du dich erleichtern.«

Leo ist sprachlos. So etwas hat er noch nicht erlebt: in aller Öffentlichkeit gemeinsam mit anderen zur Toilette zu gehen! Die Männer sitzen nebeneinander und unterhalten sich sehr angeregt.

Der Bademeister schmunzelt, als er Leos überraschtes Gesicht sieht. »Hier erfahren die Leute alle Neuigkeiten und auch so manches Handelsgeschäft wird hier abgewickelt.« Das findet Leo wirklich außergewöhnlich!

Viel Interessantes hat Leo in der Badeanstalt erfahren und erlebt. Nun bedankt er sich beim Bademeister und verabschiedet sich. Etwas müde ist er jetzt zwar nach so vielen neuen Eindrücken, aber er will noch mehr von Cambodunum sehen.

So kommt es ihm gerade recht, dass er einen Blick in die Geschäfte werfen kann, die gleich neben dem Eingang zu den Thermen sind. Dann läuft er einfach weiter durch die Gassen.

Die Straßen sind breit und gepflastert, und Gehsteige gibt es auch schon. Auf einmal beschließt er, sich an die Fersen eines jungen Mannes zu heften. Mal sehen, wo der hinmarschiert!

Oh, da hat Leo wieder Glück. Der junge Mann geht zum Tempelbezirk. »Vielleicht will er den Göttern ein Opfer bringen«, überlegt Leo.

Im Tempelbezirk ist vielleicht was los! Eng gedrängt stehen Tempelchen und Altäre. Überall werden Opfer dargebracht, Rauch- und Speiseopfer. Leo muss sich fast durch die Menge zwängen.

Er erkennt zwei Dienstboten aus dem Hause des Flavius. So manchen Gesprächsfetzen schnappt er auf. Hier wird dem Merkur ein Rauchopfer dargebracht, weil man eine Reise plant, dort der Pferdegöttin Epona, weil das Pferd krank ist. Jetzt weiß Leo auch, wozu die Öllämpchen verwendet werden, die er am Markt schon gesehen hat. In den Tempeln brennen die Lichter zur Verehrung der Götter. Leo entdeckt auch noch jede Menge hölzerne Weihegeschenke. Manche haben die Form von Körperteilen, andere sind Götterfiguren.

Lange könnte er noch in dieser interessanten Stadt verweilen. Aber er ist inzwischen so müde von den vielen Erlebnissen, dass er jetzt lieber nach Hause möchte. Als er aus dem Tempelbezirk herauskommt, erkennt er den Weg, der zum Versteck seiner Zeitreisemaschine führt. Erleichtert rennt er los.

Sein Fluggerät steht noch genauso da, wie er es verlassen hat. Er klettert hinein und schnallt sich an. Wird es ihm gelingen, die Maschine zu starten? Nicht auszudenken, wenn er sie nicht wieder in Gang kriegen würde. Er stellt den Drehknopf auf das Startjahr zurück. Dann dreht er mit Herzklopfen den Zündschlüssel herum.

Nur ein kurzes Rattern ist zu hören, dann wieder Stille. Er versucht es mit Bangen noch einmal. Der Motor hustet ein paar Mal, bevor er abstirbt.

Leo bekommt es mit der Angst zu tun. Er atmet tief ein und dreht ein drittes Mal den Schlüssel um. Und siehe da: Endlich springt der Motor an und läuft mit gleichmäßigem Brummen. Das Gefährt rollt aus dem Gebüsch einen kleinen Abhang hinunter. Mit Schwung erhebt sich sein Fluggerät in die Luft. Ein riesiger Stein fällt Leo vom Herzen.

Er dreht eine Abschiedsrunde über der großartigen Stadt Cambodunum. Dann schließt sich wieder die Nebelwolke um ihn.

Es dauert nicht lange, da landet er zu Hause hinter dem Schuppen seines Onkels. Zum Glück ist niemand im Garten. So kann Leo die Zeitreisemaschine unbemerkt zurück in den Schuppen schieben und zudecken. Er verstaut die Fliegerkappe und den Sprachcomputer in der Ledertasche.

Als er in einem der Bücher aus der Tasche blättert, stutzt er. Da steht etwas Ungeheuerliches:

Das Ende der Römerherrschaft !

Die Alemannen bedrohen 233 n. Chr. die Römerstadt Cambodunum. Sie plündern und zerstören die Stadt. Die Römer verlassen diese Siedlung.

Die römischen Soldaten richten auf dem Hügel, der heute Burghalde genannt wird, eine militärische Anlage ein. Am Fuße des Hügels entsteht nochmals eine neue kleine Römerstadt mit dem Namen Cambidanum. Diese römische Stadt ist mit einer Mauer umgeben, also viel besser geschützt als die erste Siedlung auf dem Lindenberg. Fast 200 Jahre später werden die Römer endgültig vertrieben.

Leo geht zum Haus zurück und sieht seinen Onkel mit dem Auto vorfahren. Aus der hinteren Klappe ragen Bretter heraus. Onkel Georg ruft ihm zu: »Gut, dass du kommst. Du kannst mir beim Ausladen helfen.«

Während sie die Bretter hinter das Haus tragen, ist Leo mit seinen Gedanken immer noch in Cambodunum. Er ist ein wenig traurig, dass er kein Andenken mitnehmen konnte.

Doch da fühlt er in seiner Hosentasche die Tonmurmel, die Claudia ihm geschenkt hat. Er holt sie heraus und schaut sie lange an. »Vielleicht kann ich ja wieder einmal auf Entdeckungsreise gehen, um neue, spannende Geschichten über die Stadt Kempten zu erfahren. Mal sehen!« überlegt Leo voller Vorfreude.

Das Kastell **Cambidanum** und die spätrömische Stadtmauer

Im APC

Im Kemptener **APC**, dem **Archäologischen Park Cambodunum** auf dem Lindenberg, kannst du heute noch viel von der Römerstadt sehen.

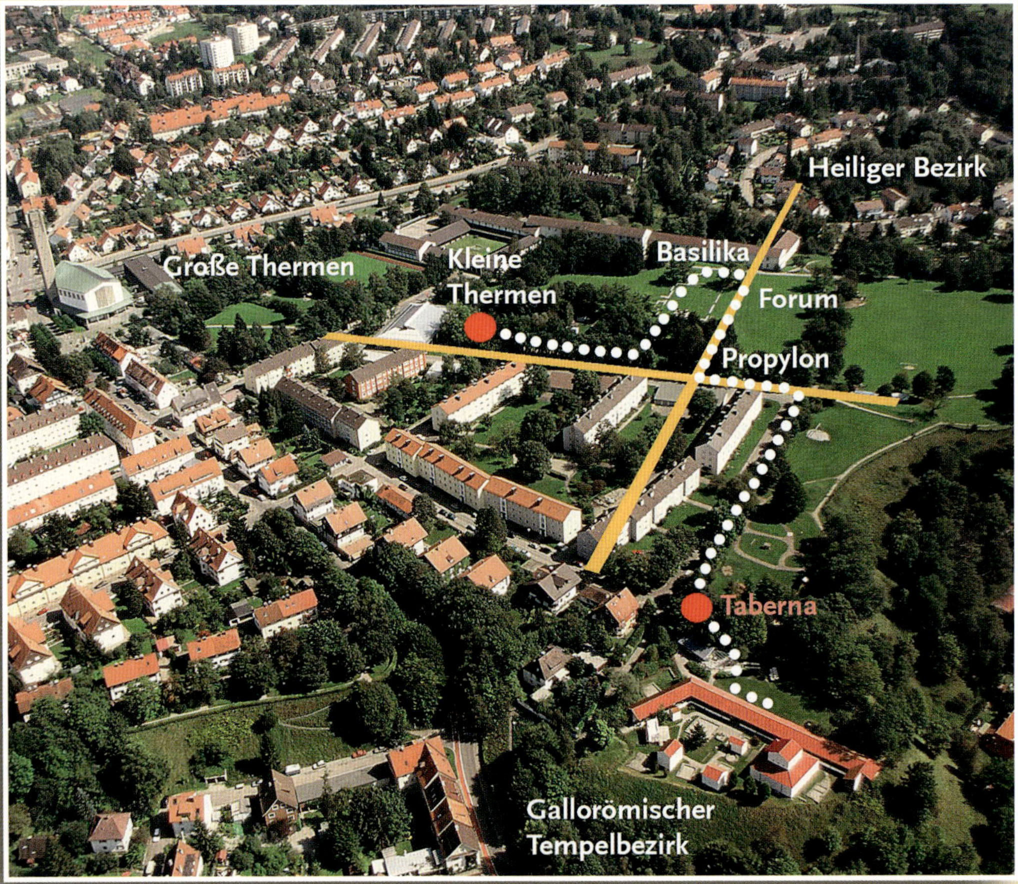

Der **Tempelbezirk** und die **»Kleinen Thermen«** sind zu besichtigen.

Im Jahre 1885 begannen die Ausgrabungen auf dem Lindenberg. Archäologen waren am Werk und haben wertvolle Funde gemacht. Sie haben eine ganze Stadt unter der Erde gefunden. Nur ein paar Zentimeter unter dem Rasen und den Straßen auf dem Lindenberg liegen die Grundmauern der einstigen römischen Häuser. Leider wurde vieles wieder überbaut. Inschriften und Bilder an den Häusern rund um den **APC** erinnern daran.

Die Eintrittskarte für den **APC**

Unendlich viele kleine Teile römischer Gebrauchsgegenstände wurden gefunden. Die Archäologen und ihre Helfer schrieben alles genau auf und zeichneten die Teile. Manchmal gelang es, die kleinen Fundstücke wieder zu einem Ganzen zusammenzusetzen, zum Beispiel einer **AMPHORE**, einem römischen Transportgefäß.

Die Anleitung zu einem Archäologenspiel findest du auf Seite 67.

AMPHORE = ein Gefäß aus Keramik mit zwei Henkeln

Verehrung der Götter im Tempelbezirk

Die Römer in Cambodunum verehrten die Götter im **Gallorömischen Tempelbezirk**. Gallorömisch heißt, dass hier sowohl römischen Gottheiten als auch keltischen Göttern Opfer dargebracht wurden.

Auf originalen Grundmauern wurden im **APC** einige Tempel nachgebaut. Sie erinnern daran, dass die Römer an verschiedene Götter glaubten. Jede Gottheit war für einen anderen Bereich des Lebens zuständig.

JUPITER Oberster Gott, Herr des Himmels und des Donners

JUNO Ehefrau Jupiters, Göttin der Ehe und einer glücklichen Geburt

MINERVA Tochter Jupiters, Beschützerin der Handwerker

HERKULES Gott mit starker Muskelkraft, Gott des Handels und Verkehrs

MERKUR Götterbote, Gott der Händler, der Reisenden und auch der Diebe

Auch **EPONA**, die Pferdegöttin der Kelten, wurde in Cambodunum verehrt.

Vor den Tempeln standen Altäre. Die Tempel selbst durften nur die Priester betreten. Die Opfernden legten ihre Gaben auf den Altar.

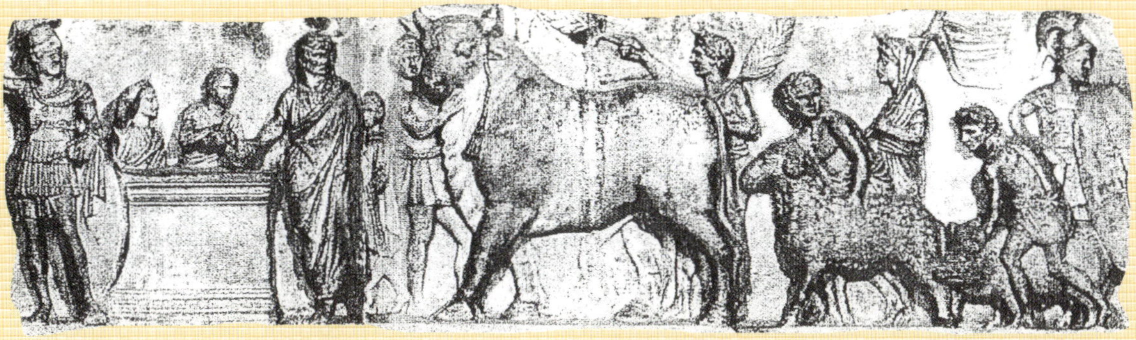

Auf dem Brandopferaltar wurden Tiere (Hühner, Schafe, Ziegen und Stiere) geopfert. Die Innereien, Herz, Lunge und Leber, wurden auf den Altar gelegt und verbrannt. Das Fleisch wurde gemeinsam beim Opfermahl gegessen.

In der heutigen Umgangshalle des **Tempelbezirks** kannst du vieles vom römischen Hausbau erfahren.

Die Häuser waren aus Stein gebaut. Die Römer benutzten zum Mauern Mörtel und Kelle. Die römischen Handwerker deckten die Hausdächer mit Ziegeln (Plattenziegel und Deckziegel). Die Römer hatten auch schon Fensterglas.

Die Römer waren nicht nur Meister im Hausbau, sondern auch im Straßenbau. Die Straßen waren wichtig für die Soldaten und für den Handel. **CAMBODUNUM** lag an wichtigen Fernstraßen. In der Nähe von Buchenberg kannst du noch auf einer alten Römerstraße spazieren gehen.

Badespaß in den Thermen

In einem modernen Ausstellungsbau kannst du heute die originalen Grundmauern der **»Kleinen Thermen«** besichtigen.

Das Mosaikbild »Bene lava« (ein angenehmes Bad) lädt zum Rundgang in den »Kleinen Thermen« ein.

Mosaikbild

Badezubehör

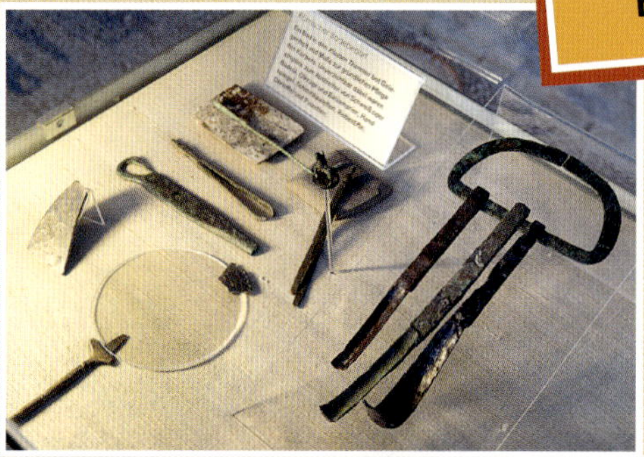

Römischer Schmuck

In den »Kleinen Thermen« kannst du eine Heizungsanlage (Hypokaust-Anlage) sehen. Du wirst staunen, dass in den öffentlichen Toiletten der Thermen mehrere Sitze ohne Abtrennung nebeneinander sind.

Ein Besuch im APC lohnt sich!

Es gibt im **APC** viele Projekte, bei denen du selbst mitmachen kannst. Informationen bekommst du beim Kulturamt der Stadt Kempten oder im **APC** selbst.

Nähanleitung für eine römische Tunika

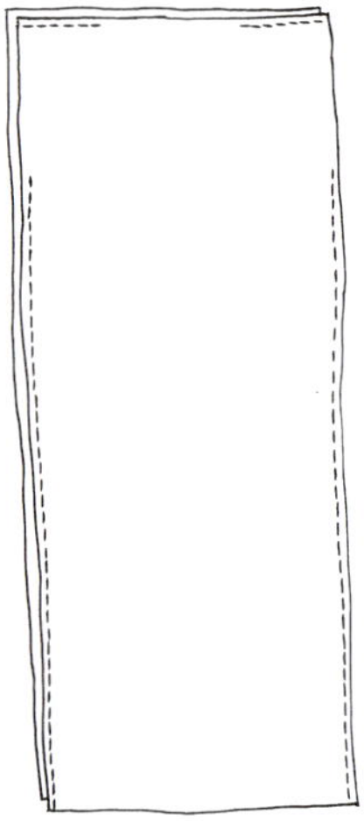

Material:
zwei rechteckige Stoffbahnen (z. B. aus alten Betttüchern), Schere, Nadel, Faden, ein bis zwei Gürtel (ein Strick oder Wolle tut's auch)

Für eine Mädchen-Tunika müssen die Stoffbahnen länger sein, weil die Tunika zweimal mit einem Gürtel gerafft wird. Dann ist sie knöchellang. Eine Buben-Tunika reicht bis zur Mitte der Wade.

Lege die Stoffbahnen aufeinander und nähe sie an den Schultern und an der Seite unter den Armlöchern zusammen. Pass auf, dass du die Öffnungen für deinen Kopf und die Arme groß genug lässt. Dann stülpst du sie um, so dass die Nähte innen liegen. Nun ist deine Tunika schon fertig!

Bei einer Mädchen-Tunika bindest du zuerst einen Gürtel um die Taille (1). Dann ziehst du den Stoff so hoch, dass die Tunika nur noch knöchellang ist (2). Der zweite Gürtel wird etwas oberhalb der Taille über dem Stoffbausch gebunden (3). Buben können die Tunika entweder ohne oder mit einem Gürtel in der Taille tragen.

1 2 3 Fertig!

Bastelanleitung für Mosaikbilder

Kopiere die Mosaikbilder und male sie bunt aus!

Anleitung für ein Mosaik aus Karton

Material:

- *Fotokarton in verschiedenen Farben*
- *Pappe (Format DIN A4)*
- *Schere*
- *Kleber*
- *Mosaikvorlage*

1. Kopiere die Mosaikvorlage oder zeichne selbst ein Bild oder eine geometrische Form.

2. Klebe die Vorlage auf Pappe.

3. Schneide aus dem Fotokarton schmale Streifen.

4. Schneide aus den Kartonstreifen passende »Kartonsteinchen« zurecht.

5. Klebe die »Kartonsteinchen« auf die Vorlage.

Mosaiken kann man auch aus Seidenpapierkügelchen, flachen Steinchen oder Mosaiksteinen aus dem Bastelgeschäft anfertigen.

Quarkknödel
(römische Nachspeise)

Zutaten:
- *200 g Grieß*
- *200 g Quark*
- *Olivenöl*
- *Flüssiger Honig*
- *Etwas Mohn*

Grieß und Quark vermischen, kleine Knödel formen, Olivenöl in einer Pfanne erhitzen, Knödel darin anbraten. Anschließend die Knödel mit Honig übergießen. Wenn man mag, kann man noch Mohn darüber streuen.

Römische Brötchen

Zutaten:
- *200 g Mehl*
- *Ein Glas Apfelsaft*
- *50 g Schmalz*
- *25 g geriebener Käse*

Alle Zutaten zu einem festen Teig verkneten, mehrere Stunden gehen lassen. Anschließend aus dem Teig kleine runde Brötchen formen und bei 200 Grad 30 Minuten backen.

Archäologenspiel

Um die Arbeit von Archäologen zu erahnen, kannst du das folgende Spiel ausprobieren.

Material:

- *Alte Blumentöpfe*
- *Kleber für Ton*

Und so geht's:

1. Zerschlage ältere Blumentöpfe in einige größere Scherben.

2. Lasse diese Teile in einem Blumenbeet oder in einer großen Sandkiste von einer anderen Person vergraben.

3. Grabe die vergrabenen Scherben wieder aus und wasche sie.

4. Versuche die gefundenen Stücke wieder zu einem Blumentopf zusammenzusetzen.

Orca-Spiel

Material:
Tongefäß (Orca)
5 Haselnüsse pro Spieler

Alle Spieler versuchen aus einer Entfernung von ca. 2 Metern ihre Nüsse in die Orca zu werfen.
Sieger ist, wer die meisten Nüsse in die Orca getroffen hat.

Delta-Spiel

Auf den Boden wird eine großes Dreieck, wie es die Abbildung zeigt, aufgezeichnet. Jeder Spieler erhält 5 Nüsse oder kleine Steine. Aus einer bestimmten Entfernung werfen die Spieler Nüsse in das Feld. Die Punkte werden zusammengezählt.

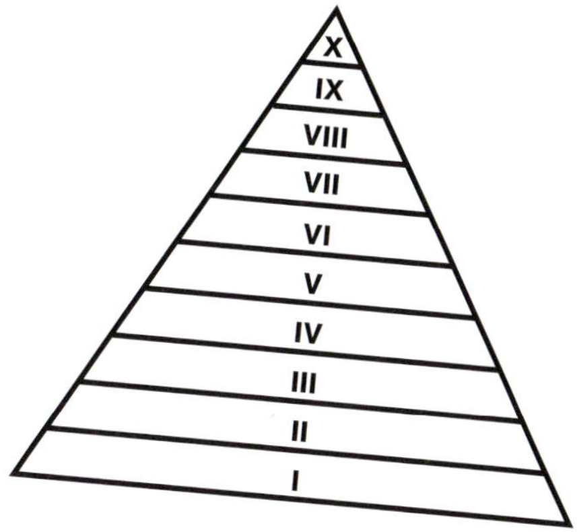

Römische Zahlen

I = 1
V = 5
X = 10
L = 50
C = 100
D = 500
M = 1000

Römische Zahlzeichen sind Buchstaben. Sie werden anders zusammengesetzt als unsere arabischen Zahlen.
Bei den arabischen Zahlen spielt es eine Rolle, an welcher Stelle die Ziffern stehen. Bei den römischen Zahlen werden die Zahlzeichen nach bestimmten Regeln aneinander gereiht. Eine Null gibt es nicht.

Entdeckst du eine Regel?

I 1	II 2	III 3	IV 4	V 5
VI 6	VII 7	VIII 8	IX 9	X 10
XX 20	XXX 30	XL 40	L 50	
LX 60	LXX 70	LXXX 80	XC 90	C 100

Kannst du folgende Zahlen lesen?

XV	XXI	LXV	CX	CL

Schreibe als römische Zahlen!

9	16	42	55	101

Susanne schreibt an Pia

Liebe Pia,

ich wünsche dir zu deinem Geburtstag alles Gute.

Du bist jetzt auch IX Jahre alt, so wie ich. Ich habe gehört, dass du zu deiner Geburtstagsfeier VIII Gäste eingeladen hast. Ich durfte nur VI Gäste einladen.

Zu meinem Geburtstag wurde mein Taschengeld erhöht. Ich bekomme jetzt XIV Euro im Monat. Auch habe ich noch einen Fahrradhelm für LXIII Euro bekommen.

Ich freue mich schon auf deine Geburtstagsfeier.

Es grüßt dich

Susanne

Wenn du die römischen Zahlen richtig erkennst und zusammenrechnest, erhältst du die Zahl »C«.

C steht für »Centum« und bedeutet **100**.
M steht für »Mille« und bedeutet **1000**.

Die Geschichte der Monatsnamen

Unsere Monatsnamen stammen von den Römern. Viele Monate wurden nach Göttern oder Kaisern benannt.

Setze die richtigen Monatsnamen ein!

Gott Janus hatte zwei Gesichter. Er konnte nach vorne und nach hinten blicken. Er kannte so die Vergangenheit und die Zukunft. Unser Monat

erinnert an ihn.

Februatio war ein römisches Fest, das im letzten Monat des Jahres stattfand. Daraus wurde unser Monat

Das lateinische Wort »februare« bedeutet »reinigen«

Mars war der Gott des Krieges, der Landwirtschaft und des Frühlings. Im alten römischen Kalender hieß der erste Monat des Jahres Martius, daraus wurde unser Monat

Die Natur erwacht und der Frühling beginnt. Im römischen Monatsnamen Aprilis steckt das lateinische Wort »aperire«, d. h. »öffnen«. Daraus wurde unser Monat

Göttin Maia und Gott Jupiter Maius waren Götter des Frühlings und des Wachstums. Der Monat, in dem alles grünt und blüht, heißt heute

Göttin Juno, die Ehefrau des obersten Gottes Jupiter, war die Beschützerin der Ehe und der Familie. Der Monat

erinnert an sie.

Julius Cäsar war ein berühmter und mächtiger Herrscher Roms. Er wurde 100 v. Chr. geboren. Der Monat

erinnert an ihn.

Kaiser Augustus war der erste römische Kaiser. Augustus bedeutet der Heilige, der Erhabene. Der Monat

erinnert an ihn.

Das lateinische Wort »septem« heißt übersetzt sieben. Septem war im alten römischen Kalender der siebente Monat. Heute ist es der neunte Monat, der

»Octo« heißt acht und war der achte Monat im römischen Kalender. Heute ist dieser Monat der zehnte, nämlich der

Das lateinische Wort »novem« bedeutet neun. Der

wurde danach benannt. Heute ist dieser Monat der elfte.

Das lateinische Wort »decem« bedeutet zehn. Der zehnte Monat im alten römischen Kalender ist bei uns der letzte Monat im Jahr, nämlich der

Suchbild

Der Zeichner kannte sich in der römischen Zeit nicht so gut aus wie du. Deshalb enthält das Bild des Tempelbezirks 7 grobe Fehler. Stelle fest, was nicht stimmen kann!

Bist du ein Römerexperte?

1. **Wie hieß Kempten zur Römerzeit?**
Ⓐ Brigantium
Ⓓ Cambodunum
Ⓚ Augusta Vindelicorum

2. **Wie sprachen die Römer?**
Ⓞ römisch
Ⓡ italienisch
Ⓑ lateinisch

3. **Wie nannte man den römischen Marktplatz?**
Ⓦ Basilika
Ⓤ Curie
Ⓘ Forum

4. **Welches war das wichtigste Kleidungsstück aller Römer?**
Ⓜ Kapuzenmantel
Ⓩ Tunika
Ⓔ Palla

5. **Was waren die Thermen?**
Ⓢ Tempelanlagen
Ⓤ Badeanstalten
Ⓗ Geschäfte

6. **Welche Art von Lampen gebrauchten die Römer?**
Ⓢ Öllampen
Ⓚ Petroleumlampen
Ⓜ Gaslampen

7. **Worauf schrieben die römischen Schulkinder?**
Ⓞ Schiefertafeln
Ⓣ Wachstafeln
Ⓛ Holztafeln

8. **Welche Zahlen benutzen wir heute im Alltag?**
- (V) römische
- (R) chinesische
- (T) arabische

9. **In welchen Gefäßen wurden Wein und Öl gelagert?**
- (U) Flaschen
- (B) Dosen
- (S) Amphoren

10. **Wer war der Gott des Handels und der Diebe?**
- (P) Merkur
- (A) Mars
- (W) Jupiter

11. **Wie hieß die keltische Pferdegöttin?**
- (Z) Minerva
- (E) Epona
- (U) Juno

12. **Wie lernten die Römer einen neuen Kaiser kennen?**
- (I) über Bilder auf Münzen
- (R) über Wandmalereien
- (O) über Bilder, die per Pferdepost verschickt wurden

Bringe die Buchstaben der Lösungen in die richtige Reihenfolge! Dann erhältst du den Lösungssatz:

_ _   _ _ _ _   _ _ _ _ _ _ !

Du kannst das Bild des römischen Soldaten kopieren und die richtigen Begriffe einsetzen: Speer, Helm, Sandale, Dolch und Schild.

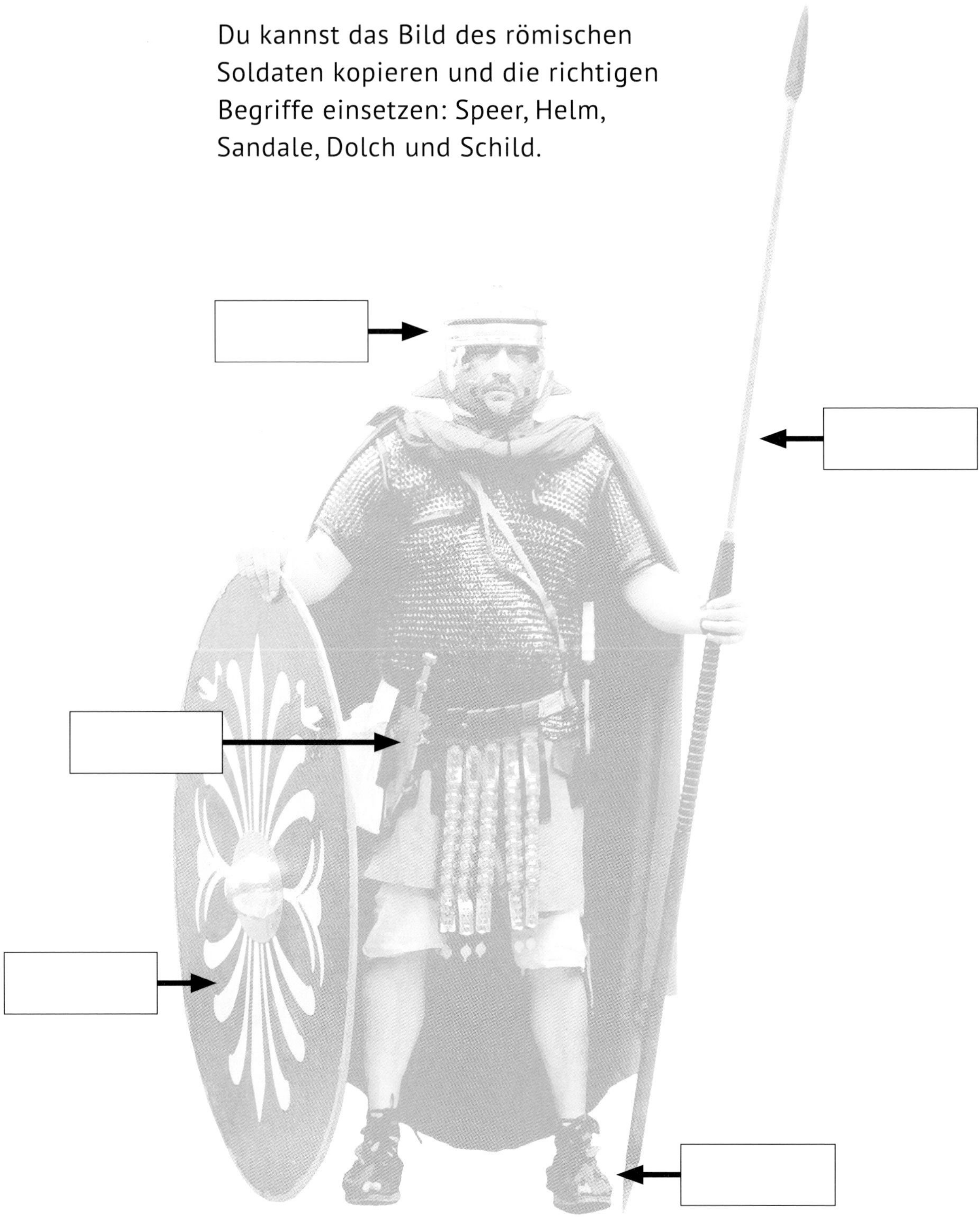

Also dann – vale und bis zum nächsten Mal!

Euer Leo

Aus dem Gedanken heraus, Kinder möglichst früh für die Geschichte ihres Heimatortes zu interessieren, ist die »Reise nach Cambodunum« entstanden. Dieses Buch soll in kindgemäßer, fantasievoller und sachlich richtiger Form Informationen über die Römer in Kempten vermitteln.

Damit ein solches Werk entstehen konnte, haben viele mitgearbeitet. Ich möchte an dieser Stelle dem Heimatverein Kempten mit seinem Vorsitzenden Herrn Tilman Ritter als Herausgeber, den Sponsoren, und allen Mitwirkenden recht herzlich danken. Ein besonderer Dank gilt Frau Birgit Kata, die mich mit ihrem großem geschichtlichen Wissen und ihren kreativen Einfällen sehr unterstützt hat und wesentlich zum Gelingen des Buches beigetragen hat.

Mein Wunsch ist, dass viele Kinder und Jugendliche Gefallen an der »Reise nach Cambodunum« finden und angeregt werden, sich mit der Geschichte der Stadt Kempten zu beschäftigen.

Ilse Roßmanith-Mitterer

Abbildungsverzeichnis

Roger Mayrock: S. 17, 44, 51, 57 (u), 58 (r), 78, sowie alle Illustrationen außer den im folgenden Genannten.
Ralf Lienert: S. 16, 21, 24, 30, 34, 35, 41, 43, 53, 55, 58 (l), 59, 60 (m, u), 61 (m), 68, 69, 70.
Stadt Kempten (Allgäu), Stadtarchäologie: S. 4/5, 22, 29, 52, 56 (o), 57 (o), 60 (o), 61 (o, u), 66 (m).
Birgit Kata: S. 15 (o), 40, 56 (u), 62 (l), 67 (u).
Susanne Mölle: S. 54, 67 (o).
Alfred Koch: S. 31, 32.
Ilse Roßmanith-Mitterer: S. 63, 65.
Martin Odstrčil: S. 64.
Ludwig Mitterer: S. 38.
Marcus Junkelmann: S. 18.

Weiterführende Literatur

- Baumann, Gipsy und Baumann, Franz, Alea iacta est: Kinder spielen Römer, mit Illustrationen von Susanne Szesny, Münster 2009.
- Junkelmann, Marcus, Die Legionen des Augustus. Der römische Soldat im archäologischen Experiment, (Kulturgeschichte der antiken Welt; 33) Mainz 1986.
- Schwarz, Juliane, Römer selbst erleben! Kleidung, Spiel und Speisen – selbst gemacht und ausprobiert, Stuttgart 2010.
- Kata, Birgit und Weber, Gerhard, Cambodunum geht baden. Ein Begleitheft zum 2. Abschnitt des Archäologischen Parks Cambodunum – APC, den Kleinen Thermen, Kempten (Allgäu) 1996.
- Weber, Gerhard, (Hg.), Cambodunum – Kempten. Erste Hauptstadt der römischen Provinz Raetien? Mainz 2000.